A CHRISTMAS RECORD BOOK

ILLUSTRATED BY ISABELLE BRENT

PAVILION

First published in Great Britain in 1993 by
PAVILION BOOKS LIMITED
26 Upper Ground, London SE1 9PD
Copyright © Pavilion Books Limited 1993
Illustrations copyright © Isabelle Brent 1993

The moral right of the author has been asserted.

Designed by Ron Pickless

A CIP catalogue record for this book
is available from the British Library.

ISBN 1 85145 6074

Typeset by ICON, Exeter
Printed and bound in Singapore by Tien Wah

2   4   6   8   10   9   7   5   3   1

This book may be ordered by post
direct from the publisher. Please contact
the Marketing Department.
But try your bookshop first.

CONTENTS

PLANNER

DECEMBER

1

2

3

4

5

6

7

8

9

10

11

12

13

14

15

16

17

18

19

20

21

22

23

24
Christmas Eve

25
Christmas Day

26
Boxing Day

27

28

29

30

31
New Year's Eve

JANUARY
1
New Year's Day

2

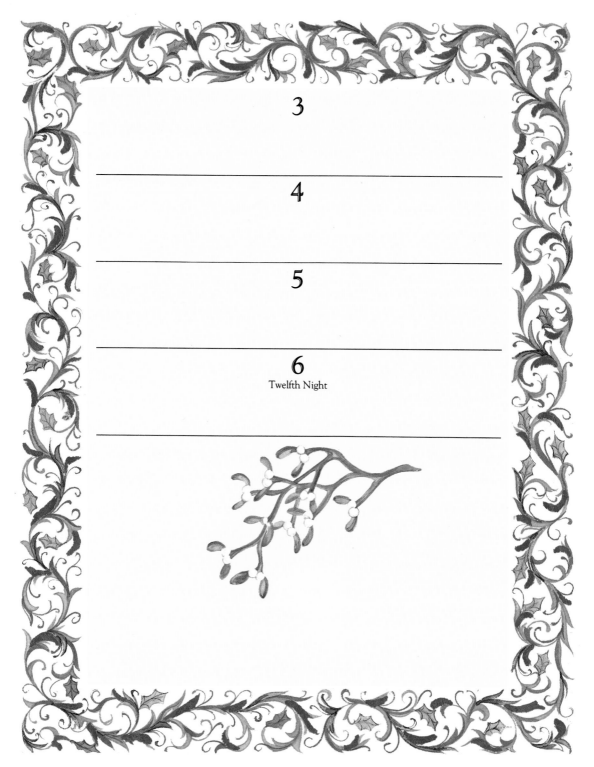

3

4

5

6

Twelfth Night

CARDS

NAME _____
ADDRESS _____
_____
_____
DATE _____

NAME _____
ADDRESS _____
_____
_____
DATE _____

NAME _____
ADDRESS _____
_____
_____
DATE _____

On the first day of Christmas
my true love sent to me,
A partridge in a pear tree.

NAME _____
ADDRESS _____
_____
_____
DATE _____

NAME _____
ADDRESS _____
_____
DATE _____

NAME _____
ADDRESS _____
_____
DATE _____

NAME _____
ADDRESS _____
_____
DATE _____

NAME _____
ADDRESS _____
_____
DATE _____

NAME _____
ADDRESS _____
_____
DATE _____

NAME _____
ADDRESS _____
_____
DATE _____

NAME _____
ADDRESS _____
_____
DATE _____

NAME _____
ADDRESS _____
_____
DATE _____

NAME _____
ADDRESS _____
_____
DATE _____

NAME _____
ADDRESS _____
_____
DATE _____

NAME _____
ADDRESS _____
_____
DATE _____

NAME _____
ADDRESS _____
_____
DATE _____

NAME _____
ADDRESS _____
_____
DATE _____

NAME _____
ADDRESS _____
_____
DATE _____

NAME _____
ADDRESS _____
_____
DATE _____

NAME _____
ADDRESS _____
_____
DATE _____

NAME _____
ADDRESS _____
_____
DATE _____

NAME _____
ADDRESS _____
_____
DATE _____

NAME _____
ADDRESS _____
_____
DATE _____

NAME _____   NAME _____
ADDRESS _____   ADDRESS _____
_____   _____
_____   _____
DATE _____   DATE _____

NAME _____   NAME _____
ADDRESS _____   ADDRESS _____
_____   _____
_____   _____
DATE _____   DATE _____

NAME _____   NAME _____
ADDRESS _____   ADDRESS _____
_____   _____
_____   _____
DATE _____   DATE _____

NAME _____   NAME _____
ADDRESS _____   ADDRESS _____
_____   _____
_____   _____
DATE _____   DATE _____

NAME _____   NAME _____
ADDRESS _____   ADDRESS _____
_____   _____
_____   _____
DATE _____   DATE _____

NAME _____	NAME _____
ADDRESS _____	ADDRESS _____
_____	_____
DATE _____	DATE _____

NAME _____	NAME _____
ADDRESS _____	ADDRESS _____
_____	_____
DATE _____	DATE _____

NAME _____	NAME _____
ADDRESS _____	ADDRESS _____
_____	_____
DATE _____	DATE _____

NAME _____	NAME _____
ADDRESS _____	ADDRESS _____
_____	_____
DATE _____	DATE _____

NAME _____	NAME _____
ADDRESS _____	ADDRESS _____
_____	_____
DATE _____	DATE _____

NAME ——————————————   NAME ——————————————
ADDRESS ———————————   ADDRESS ———————————
—————————————————   —————————————————
DATE ————————————————   DATE ————————————————

NAME ——————————————   NAME ——————————————
ADDRESS ———————————   ADDRESS ———————————
—————————————————   —————————————————
DATE ————————————————   DATE ————————————————

NAME ——————————————   NAME ——————————————
ADDRESS ———————————   ADDRESS ———————————
—————————————————   —————————————————
DATE ————————————————   DATE ————————————————

NAME ——————————————   NAME ——————————————
ADDRESS ———————————   ADDRESS ———————————
—————————————————   —————————————————
DATE ————————————————   DATE ————————————————

NAME ——————————————
ADDRESS ———————————
—————————————————
DATE ————————————————

NAME

ADDRESS

DATE

NAME

ADDRESS

DATE

NAME

ADDRESS

DATE

NAME

ADDRESS

DATE

NAME

ADDRESS

DATE

NAME

ADDRESS

DATE

NAME

ADDRESS

DATE

NAME

ADDRESS

DATE

NAME

ADDRESS

DATE

NAME _____   NAME _____
ADDRESS _____   ADDRESS _____
_____   _____

DATE _____   DATE _____

NAME _____   NAME _____
ADDRESS _____   ADDRESS _____
_____   _____

DATE _____   DATE _____

NAME _____   NAME _____
ADDRESS _____   ADDRESS _____
_____   _____

DATE _____   DATE _____

NAME _____   NAME _____
ADDRESS _____   ADDRESS _____
_____   _____

DATE _____   DATE _____

NAME _____   NAME _____
ADDRESS _____   ADDRESS _____
_____   _____

DATE _____   DATE _____

NAME _____
ADDRESS _____
_____
DATE _____

NAME _____
ADDRESS _____
_____
DATE _____

NAME _____
ADDRESS _____
_____
DATE _____

NAME _____
ADDRESS _____
_____
DATE _____

NAME _____
ADDRESS _____
_____
DATE _____

NAME _____
ADDRESS _____
_____
DATE _____

NAME _____
ADDRESS _____
_____
DATE _____

NAME _____
ADDRESS _____
_____
DATE _____

NAME _____
ADDRESS _____
_____
DATE _____

NAME _____
ADDRESS _____
_____
DATE _____

NAME _____
ADDRESS _____
_____
_____
DATE _____

NAME _____
ADDRESS _____
_____
_____
DATE _____

NAME _____
ADDRESS _____
_____
_____
DATE _____

NAME _____
ADDRESS _____
_____
_____
DATE _____

NAME _____
ADDRESS _____
_____
_____
DATE _____

NAME _____
ADDRESS _____
_____
_____
DATE _____

NAME _____
ADDRESS _____
_____
_____
DATE _____

NAME _____
ADDRESS _____
_____
_____
DATE _____

NAME _____
ADDRESS _____
_____
_____
DATE _____

NAME

ADDRESS

DATE

NAME

ADDRESS

DATE

NAME

ADDRESS

DATE

NAME

ADDRESS

DATE

NAME

ADDRESS

DATE

NAME

ADDRESS

DATE

NAME

ADDRESS

DATE

NAME

ADDRESS

DATE

NAME

ADDRESS

DATE

NAME _____   NAME _____
ADDRESS _____   ADDRESS _____
_____   _____
_____   _____
DATE _____   DATE _____

NAME _____   NAME _____
ADDRESS _____   ADDRESS _____
_____   _____
_____   _____
DATE _____   DATE _____

NAME _____   NAME _____
ADDRESS _____   ADDRESS _____
_____   _____
_____   _____
DATE _____   DATE _____

NAME _____   NAME _____
ADDRESS _____   ADDRESS _____
_____   _____
_____   _____
DATE _____   DATE _____

NAME _____   NAME _____
ADDRESS _____   ADDRESS _____
_____   _____
_____   _____
DATE _____   DATE _____

NAME _____
ADDRESS _____
_____
DATE _____

NAME _____
ADDRESS _____
_____
DATE _____

NAME _____
ADDRESS _____
_____
DATE _____

NAME _____
ADDRESS _____
_____
DATE _____

NAME _____
ADDRESS _____
_____
DATE _____

NAME _____
ADDRESS _____
_____
DATE _____

NAME _____
ADDRESS _____
_____
DATE _____

NAME _____
ADDRESS _____
_____
DATE _____

NAME _____
ADDRESS _____
_____
DATE _____

NAME _____
ADDRESS _____
_____
DATE _____

NAME _____	NAME _____
ADDRESS _____	ADDRESS _____
_____	_____
DATE _____	DATE _____
NAME _____	NAME _____
ADDRESS _____	ADDRESS _____
_____	_____
DATE _____	DATE _____
NAME _____	NAME _____
ADDRESS _____	ADDRESS _____
_____	_____
DATE _____	DATE _____
NAME _____	NAME _____
ADDRESS _____	ADDRESS _____
_____	_____
DATE _____	DATE _____
NAME _____	
ADDRESS _____	
_____	
DATE _____	

NAME _____   NAME _____
ADDRESS _____   ADDRESS _____
_____   _____

DATE _____   DATE _____

NAME _____   NAME _____
ADDRESS _____   ADDRESS _____
_____   _____

DATE _____   DATE _____

NAME _____   NAME _____
ADDRESS _____   ADDRESS _____
_____   _____

DATE _____   DATE _____

NAME _____   NAME _____
ADDRESS _____   ADDRESS _____
_____   _____

DATE _____   DATE _____

NAME _____   NAME _____
ADDRESS _____   ADDRESS _____
_____   _____

DATE _____   DATE _____

P RESENTS
TO THE FAMILY

To _____

PRESENT _____

To _____

PRESENT _____

To _____

PRESENT _____

To _____

PRESENT _____

On the second day of Christmas
my true love sent to me,
Two turtle doves. . .

To _____

PRESENT _____

To _____

PRESENT _____

To _____   To _____
Present _____   Present _____

To _____   To _____
Present _____   Present _____

To _____   To _____
Present _____   Present _____

To _____   To _____
Present _____   Present _____

To _____   To _____
Present _____   Present _____

To _____   To _____
Present _____   Present _____

To _____   To _____
Present _____   Present _____

To _____   To _____
Present _____   Present _____

To _____   To _____
Present _____   Present _____

To _____ To _____
PRESENT _____ PRESENT _____

To _____ To _____
PRESENT _____ PRESENT _____

To _____ To _____
PRESENT _____ PRESENT _____

To _____ To _____
PRESENT _____ PRESENT _____

To _____ To _____
PRESENT _____ PRESENT _____

To _____ To _____
PRESENT _____ PRESENT _____

To _____ To _____
PRESENT _____ PRESENT _____

To _____ To _____
PRESENT _____ PRESENT _____

To _____ To _____
PRESENT _____ PRESENT _____

To _____ To _____
PRESENT _____ PRESENT _____

To _____ To _____
PRESENT _____ PRESENT _____

To _____ To _____
PRESENT _____ PRESENT _____

To _____ To _____
PRESENT _____ PRESENT _____

To _____ To _____
PRESENT _____ PRESENT _____

PRESENTS FROM THE FAMILY

FROM _____

PRESENT _____

FROM _____

PRESENT _____

FROM _____

PRESENT _____

FROM _____

PRESENT _____

FROM _____

PRESENT _____

*On the third day of Christmas
my true love sent to me,
Three French hens. . .*

FROM _____

PRESENT _____

FROM ————————————   FROM ————————————

PRESENT ————————————   PRESENT ————————————

FROM ————————————   FROM ————————————

PRESENT ————————————   PRESENT ————————————

    FROM ————————————

    PRESENT ————————————

FROM ————————————   FROM ————————————

PRESENT ————————————   PRESENT ————————————

FROM ————————————   FROM ————————————

PRESENT ————————————   PRESENT ————————————

FROM ————————————   FROM ————————————

PRESENT ————————————   PRESENT ————————————

FROM ————————————   FROM ————————————

PRESENT ————————————   PRESENT ————————————

FROM ————————————   FROM ————————————

PRESENT ————————————   PRESENT ————————————

FROM ————————————   FROM ————————————

PRESENT ————————————   PRESENT ————————————

FROM _____   FROM _____
PRESENT _____   PRESENT _____

FROM _____   FROM _____
PRESENT _____   PRESENT _____

FROM _____   FROM _____
PRESENT _____   PRESENT _____

FROM _____   FROM _____
PRESENT _____   PRESENT _____

FROM _____   FROM _____
PRESENT _____   PRESENT _____

FROM _____   FROM _____
PRESENT _____   PRESENT _____

FROM _____   FROM _____
PRESENT _____   PRESENT _____

FROM _____   FROM _____
PRESENT _____   PRESENT _____

FROM _____   FROM _____
PRESENT _____   PRESENT _____

FROM _____   FROM _____
PRESENT _____   PRESENT _____

FROM _____   FROM _____
PRESENT _____   PRESENT _____

FROM _____   FROM _____
PRESENT _____   PRESENT _____

FROM _____   FROM _____
PRESENT _____   PRESENT _____

FROM _____   FROM _____
PRESENT _____   PRESENT _____

FROM _____   FROM _____
PRESENT _____   PRESENT _____

FROM _____   FROM _____
PRESENT _____   PRESENT _____

FROM _____   FROM _____
PRESENT _____   PRESENT _____

PRESENTS
TO FRIENDS

To _____

PRESENT _____

To _____

PRESENT _____

To _____

PRESENT _____

To _____

PRESENT _____

On the fourth day of Christmas
my true love sent to me,
Four calling birds. . .

To _____

PRESENT _____

To _____

PRESENT _____

To _____	To _____
PRESENT _____	PRESENT _____
To _____	To _____
PRESENT _____	PRESENT _____
To _____	To _____
PRESENT _____	PRESENT _____
To _____	To _____
PRESENT _____	PRESENT _____
To _____	To _____
PRESENT _____	PRESENT _____
To _____	To _____
PRESENT _____	PRESENT _____
To _____	To _____
PRESENT _____	PRESENT _____
To _____	To _____
PRESENT _____	PRESENT _____
To _____	To _____
PRESENT _____	PRESENT _____

To _____   To _____
Present _____   Present _____

To _____   To _____
Present _____   Present _____

To _____   To _____
Present _____   Present _____

To _____   To _____
Present _____   Present _____

To _____   To _____
Present _____   Present _____

To _____ To _____
PRESENT _____ PRESENT _____

To _____ To _____
PRESENT _____ PRESENT _____

To _____ To _____
PRESENT _____ PRESENT _____

To _____ To _____
PRESENT _____ PRESENT _____

To _____ To _____
PRESENT _____ PRESENT _____

To _____ To _____
PRESENT _____ PRESENT _____

To _____ To _____
PRESENT _____ PRESENT _____

To _____ To _____
PRESENT _____ PRESENT _____

To _____ To _____
PRESENT _____ PRESENT _____

To _____   To _____
PRESENT _____   PRESENT _____

To _____   To _____
PRESENT _____   PRESENT _____

To _____   To _____
PRESENT _____   PRESENT _____

To _____   To _____
PRESENT _____   PRESENT _____

To _____   To _____
PRESENT _____   PRESENT _____

To _____   To _____
PRESENT _____   PRESENT _____

To _____   To _____
PRESENT _____   PRESENT _____

To _____   To _____
PRESENT _____   PRESENT _____

To _____   To _____
PRESENT _____   PRESENT _____

To _____	To _____
PRESENT _____	PRESENT _____
To _____	To _____
PRESENT _____	PRESENT _____
To _____	To _____
PRESENT _____	PRESENT _____
To _____	To _____
PRESENT _____	PRESENT _____
To _____	To _____
PRESENT _____	PRESENT _____
To _____	To _____
PRESENT _____	PRESENT _____
To _____	To _____
PRESENT _____	PRESENT _____
To _____	To _____
PRESENT _____	PRESENT _____
To _____	To _____
PRESENT _____	PRESENT _____

PRESENTS FROM FRIENDS

FROM _____

PRESENT _____

FROM _____

PRESENT _____

FROM _____

PRESENT _____

FROM _____

PRESENT _____

FROM _____

PRESENT _____

FROM _____

PRESENT _____

On the fifth day of Christmas
my true love sent to me,
Five gold rings. . .

FROM _____

PRESENT _____

FROM _____ FROM _____
PRESENT _____ PRESENT _____

FROM _____ FROM _____
PRESENT _____ PRESENT _____

FROM _____ FROM _____
PRESENT _____ PRESENT _____

FROM _____ FROM _____
PRESENT _____ PRESENT _____

FROM _____ FROM _____
PRESENT _____ PRESENT _____

FROM _____ FROM _____
PRESENT _____ PRESENT _____

FROM _____ FROM _____
PRESENT _____ PRESENT _____

FROM _____ FROM _____
PRESENT _____ PRESENT _____

FROM _____ FROM _____
PRESENT _____ PRESENT _____

FROM _____   FROM _____
PRESENT _____ PRESENT _____

FROM _____   FROM _____
PRESENT _____ PRESENT _____

FROM _____
PRESENT _____

FROM _____
PRESENT _____

FROM _____   FROM _____
PRESENT _____ PRESENT _____

FROM _____   FROM _____
PRESENT _____ PRESENT _____

FROM _____   FROM _____
PRESENT _____ PRESENT _____

FROM _____   FROM _____
PRESENT _____ PRESENT _____

FROM _____   FROM _____
PRESENT _____ PRESENT _____

FROM _____   FROM _____
PRESENT _____   PRESENT _____

FROM _____   FROM _____
PRESENT _____   PRESENT _____

FROM _____   FROM _____
PRESENT _____   PRESENT _____

FROM _____   FROM _____
PRESENT _____   PRESENT _____

FROM _____   FROM _____
PRESENT _____   PRESENT _____

FROM _____   FROM _____
PRESENT _____   PRESENT _____

FROM _____   FROM _____
PRESENT _____   PRESENT _____

FROM _____   FROM _____
PRESENT _____   PRESENT _____

FROM _____   FROM _____
PRESENT _____   PRESENT _____

FROM _____   FROM _____

PRESENT _____   PRESENT _____

FROM _____   FROM _____

PRESENT _____   PRESENT _____

FROM _____   FROM _____

PRESENT _____   PRESENT _____

FROM _____   FROM _____

PRESENT _____   PRESENT _____

FROM _____   FROM _____

PRESENT _____   PRESENT _____

FROM _____   FROM _____

PRESENT _____   PRESENT _____

FROM _____   FROM _____

PRESENT _____   PRESENT _____

FROM _____   FROM _____

PRESENT _____   PRESENT _____

FROM _____   FROM _____

PRESENT _____   PRESENT _____

FROM _____   FROM _____
PRESENT _____   PRESENT _____

FROM _____   FROM _____
PRESENT _____   PRESENT _____

FROM _____   FROM _____
PRESENT _____   PRESENT _____

FROM _____   FROM _____
PRESENT _____   PRESENT _____

FROM _____   FROM _____
PRESENT _____   PRESENT _____

FROM _____   FROM _____
PRESENT _____   PRESENT _____

FROM _____   FROM _____
PRESENT _____   PRESENT _____

FROM _____   FROM _____
PRESENT _____   PRESENT _____

FROM _____   FROM _____
PRESENT _____   PRESENT _____

STOCKING PRESENTS

NAME _____

PRESENT _____

NAME _____

PRESENT _____

NAME _____

PRESENT _____

NAME _____

PRESENT _____

NAME _____

PRESENT _____

On the sixth day of Christmas
my true love sent to me,
Six geese a-laying. . .

NAME _____

PRESENT _____

NAME _____

PRESENT _____

NAME ———————————————   NAME ———————————————
PRESENT —————————————   PRESENT —————————————

NAME ———————————————   NAME ———————————————
PRESENT —————————————   PRESENT —————————————

NAME ———————————————   NAME ———————————————
PRESENT —————————————   PRESENT —————————————

NAME ———————————————   NAME ———————————————
PRESENT —————————————   PRESENT —————————————

NAME ———————————————   NAME ———————————————
PRESENT —————————————   PRESENT —————————————

NAME ———————————————   NAME ———————————————
PRESENT —————————————   PRESENT —————————————

NAME ———————————————   NAME ———————————————
PRESENT —————————————   PRESENT —————————————

NAME ———————————————   NAME ———————————————
PRESENT —————————————   PRESENT —————————————

NAME ———————————————   NAME ———————————————
PRESENT —————————————   PRESENT —————————————

NAME _____
PRESENT _____

NAME _____
PRESENT _____

NAME _____
PRESENT _____

NAME _____
PRESENT _____

NAME _____
PRESENT _____

NAME _____
PRESENT _____

NAME _____
PRESENT _____

NAME _____
PRESENT _____

NAME _____
PRESENT _____

NAME _____
PRESENT _____

NAME _____
PRESENT _____

NAME _____
PRESENT _____

NAME _____	NAME _____
PRESENT _____	PRESENT _____
NAME _____	NAME _____
PRESENT _____	PRESENT _____
NAME _____	NAME _____
PRESENT _____	PRESENT _____
NAME _____	NAME _____
PRESENT _____	PRESENT _____
NAME _____	NAME _____
PRESENT _____	PRESENT _____
NAME _____	NAME _____
PRESENT _____	PRESENT _____
NAME _____	NAME _____
PRESENT _____	PRESENT _____
NAME _____	NAME _____
PRESENT _____	PRESENT _____
NAME _____	NAME _____
PRESENT _____	PRESENT _____

Name	Name
Present	Present

Name	Name
Present	Present

Name	Name
Present	Present

Name	Name
Present	Present

Name	Name
Present	Present

Name	Name
Present	Present

Name	Name
Present	Present

Name	Name
Present	Present

Name	Name
Present	Present

Name _____   Name _____
Present _____   Present _____

Name _____   Name _____
Present _____   Present _____

Name _____   Name _____
Present _____   Present _____

Name _____   Name _____
Present _____   Present _____

Name _____   Name _____
Present _____   Present _____

Name _____   Name _____
Present _____   Present _____

Name _____   Name _____
Present _____   Present _____

Name _____   Name _____
Present _____   Present _____

Name _____   Name _____
Present _____   Present _____

VISITORS

NAME _____

ADDRESS _____

_____

_____

DATE OF VISIT _____

COMMENTS _____

_____

_____

NAME _____

ADDRESS _____

_____

_____

DATE OF VISIT _____

COMMENTS _____

On the seventh day of Christmas
my true love sent to me,
Seven swans a-swimming...

NAME _____

ADDRESS _____

_____

_____

DATE OF VISIT _____

COMMENTS _____

NAME _____
ADDRESS _____
_____
_____
DATE OF VISIT _____
COMMENTS _____

NAME _____
ADDRESS _____
_____
_____
DATE OF VISIT _____
COMMENTS _____

NAME _____
ADDRESS _____
_____
_____
DATE OF VISIT _____
COMMENTS _____

NAME _____
ADDRESS _____
_____
_____
DATE OF VISIT _____
COMMENTS _____

NAME _____
ADDRESS _____
_____
_____
DATE OF VISIT _____
COMMENTS _____

NAME _____
ADDRESS _____
_____
_____
DATE OF VISIT _____
COMMENTS _____

NAME _____
ADDRESS _____
_____
_____
DATE OF VISIT _____
COMMENTS _____

NAME _____
ADDRESS _____
_____
_____
DATE OF VISIT _____
COMMENTS _____

NAME _____
ADDRESS _____
_____
_____
DATE OF VISIT _____
COMMENTS _____

NAME _____
ADDRESS _____
_____
_____
DATE OF VISIT _____
COMMENTS _____

NAME _____   NAME _____
ADDRESS _____   ADDRESS _____
_____   _____
_____   _____
DATE OF VISIT _____   DATE OF VISIT _____
COMMENTS _____   COMMENTS _____

NAME _____   NAME _____
ADDRESS _____   ADDRESS _____
_____   _____
_____   _____
DATE OF VISIT _____   DATE OF VISIT _____
COMMENTS _____   COMMENTS _____

NAME _____

ADDRESS _____

_____

DATE OF VISIT _____

COMMENTS _____

NAME _____

ADDRESS _____

_____

DATE OF VISIT _____

COMMENTS _____

NAME _____

ADDRESS _____

_____

DATE OF VISIT _____

COMMENTS _____

NAME _____

ADDRESS _____

_____

DATE OF VISIT _____

COMMENTS _____

NAME _____

ADDRESS _____

_____

DATE OF VISIT _____

COMMENTS _____

NAME _____

ADDRESS _____

_____

DATE OF VISIT _____

COMMENTS _____

NAME _____

ADDRESS _____

_____

DATE OF VISIT _____

COMMENTS _____

NAME _____

ADDRESS _____

_____

DATE OF VISIT _____

COMMENTS _____

NAME _____ NAME _____
ADDRESS _____ ADDRESS _____
_____ _____
_____ _____

DATE OF VISIT _____ DATE OF VISIT _____
COMMENTS _____ COMMENTS _____

NAME _____ NAME _____
ADDRESS _____ ADDRESS _____
_____ _____
_____ _____

DATE OF VISIT _____ DATE OF VISIT _____
COMMENTS _____ COMMENTS _____

NAME _____ NAME _____
ADDRESS _____ ADDRESS _____
_____ _____
_____ _____

DATE OF VISIT _____ DATE OF VISIT _____
COMMENTS _____ COMMENTS _____

NAME _____ NAME _____
ADDRESS _____ ADDRESS _____
_____ _____
_____ _____

DATE OF VISIT _____ DATE OF VISIT _____
COMMENTS _____ COMMENTS _____

NAME _____
ADDRESS _____
_____
_____
DATE OF VISIT _____
COMMENTS _____

NAME _____
ADDRESS _____
_____
_____
DATE OF VISIT _____
COMMENTS _____

NAME _____
ADDRESS _____
_____
_____
DATE OF VISIT _____
COMMENTS _____

NAME _____
ADDRESS _____
_____
_____
DATE OF VISIT _____
COMMENTS _____

NAME _____
ADDRESS _____
_____
_____
DATE OF VISIT _____
COMMENTS _____

NAME _____
ADDRESS _____
_____
_____
DATE OF VISIT _____
COMMENTS _____

NAME ——————————   NAME ——————————

ADDRESS —————————   ADDRESS —————————

—————————————   —————————————

DATE OF VISIT ————————   DATE OF VISIT ————————

COMMENTS —————————   COMMENTS —————————

NAME ——————————   NAME ——————————

ADDRESS —————————   ADDRESS —————————

—————————————   —————————————

DATE OF VISIT ————————   DATE OF VISIT ————————

COMMENTS —————————   COMMENTS —————————

NAME ——————————   NAME ——————————

ADDRESS —————————   ADDRESS —————————

—————————————   —————————————

DATE OF VISIT ————————   DATE OF VISIT ————————

COMMENTS —————————   COMMENTS —————————

NAME ——————————   NAME ——————————

ADDRESS —————————   ADDRESS —————————

—————————————   —————————————

DATE OF VISIT ————————   DATE OF VISIT ————————

COMMENTS —————————   COMMENTS —————————

NAME _____   NAME _____
ADDRESS _____   ADDRESS _____
_____   _____
_____   _____
DATE OF VISIT _____   DATE OF VISIT _____
COMMENTS _____   COMMENTS _____

NAME _____   NAME _____
ADDRESS _____   ADDRESS _____
_____   _____
_____   _____
DATE OF VISIT _____   DATE OF VISIT _____
COMMENTS _____   COMMENTS _____

NAME _____   NAME _____
ADDRESS _____   ADDRESS _____
_____   _____
_____   _____
DATE OF VISIT _____   DATE OF VISIT _____
COMMENTS _____   COMMENTS _____

NAME _____   NAME _____
ADDRESS _____   ADDRESS _____
_____   _____
_____   _____
DATE OF VISIT _____   DATE OF VISIT _____
COMMENTS _____   COMMENTS _____

ENTERTAINING

GUEST LIST _____

_____

_____

OCCASION _____

FOOD _____

DRINK _____

GUEST LIST _____

_____

_____

OCCASION _____

FOOD _____

DRINK _____

GUEST LIST _____

*On the eighth day of Christmas
my true love sent to me,
Eight maids a-milking...*

_____

_____

OCCASION _____

FOOD _____

DRINK _____

GUEST LIST _____   GUEST LIST _____

_____   _____

_____   _____

OCCASION _____   OCCASION _____

FOOD _____   FOOD _____

DRINK _____   DRINK _____

GUEST LIST _____

_____

_____

OCCASION _____

FOOD _____

DRINK _____

GUEST LIST _____   GUEST LIST _____

_____   _____

_____   _____

OCCASION _____   OCCASION _____

FOOD _____   FOOD _____

DRINK _____   DRINK _____

GUEST LIST _____   GUEST LIST _____

_____   _____

_____   _____

OCCASION _____   OCCASION _____

FOOD _____   FOOD _____

DRINK _____   DRINK _____

GUEST LIST _____

_____

_____

OCCASION _____

FOOD _____

DRINK _____

GUEST LIST _____

_____

_____

OCCASION _____

FOOD _____

DRINK _____

GUEST LIST _____

_____

_____

OCCASION _____

FOOD _____

DRINK _____

GUEST LIST _____

_____

_____

OCCASION _____

FOOD _____

DRINK _____

GUEST LIST _____

_____

_____

OCCASION _____

FOOD _____

DRINK _____

GUEST LIST _____

_____

_____

OCCASION _____

FOOD _____

DRINK _____

GUEST LIST _____

_____

_____

OCCASION _____

FOOD _____

DRINK _____

GUEST LIST _____

_____

_____

OCCASION _____

FOOD _____

DRINK _____

GUEST LIST _____

_____

_____

OCCASION _____

FOOD _____

DRINK _____

GUEST LIST _____

_____

_____

OCCASION _____

FOOD _____

DRINK _____

GUEST LIST _____

_____

_____

OCCASION _____

FOOD _____

DRINK _____

GUEST LIST _____

_____

_____

OCCASION _____

FOOD _____

DRINK _____

GUEST LIST _____

_____

_____

OCCASION _____

FOOD _____

DRINK _____

GUEST LIST _____

_____

_____

OCCASION _____

FOOD _____

DRINK _____

GUEST LIST _____

_____

_____

OCCASION _____

FOOD _____

DRINK _____

GUEST LIST _____

_____

_____

OCCASION _____

FOOD _____

DRINK _____

GUEST LIST _____

_____

_____

OCCASION _____

FOOD _____

DRINK _____

GUEST LIST _____

_____

_____

OCCASION _____

FOOD _____

DRINK _____

GUEST LIST _____

_____

_____

OCCASION _____

FOOD _____

DRINK _____

GUEST LIST _____

_____

_____

OCCASION _____

FOOD _____

DRINK _____

GUEST LIST _____ GUEST LIST _____
_____ _____
_____ _____

OCCASION _____ OCCASION _____
FOOD _____ FOOD _____
DRINK _____ DRINK _____

GUEST LIST _____ GUEST LIST _____
_____ _____
_____ _____

OCCASION _____ OCCASION _____
FOOD _____ FOOD _____
DRINK _____ DRINK _____

GUEST LIST _____ GUEST LIST _____
_____ _____
_____ _____

OCCASION _____ OCCASION _____
FOOD _____ FOOD _____
DRINK _____ DRINK _____

GUEST LIST _____ GUEST LIST _____
_____ _____
_____ _____

OCCASION _____ OCCASION _____
FOOD _____ FOOD _____
DRINK _____ DRINK _____

GUEST LIST _____

_____

OCCASION _____
FOOD _____
DRINK _____

GUEST LIST _____

_____

OCCASION _____
FOOD _____
DRINK _____

GUEST LIST _____

_____

OCCASION _____
FOOD _____
DRINK _____

GUEST LIST _____

_____

OCCASION _____
FOOD _____
DRINK _____

GUEST LIST _____

_____

OCCASION _____
FOOD _____
DRINK _____

GUEST LIST _____

_____

OCCASION _____
FOOD _____
DRINK _____

GUEST LIST _____

_____

OCCASION _____
FOOD _____
DRINK _____

GUEST LIST _____

_____

OCCASION _____
FOOD _____
DRINK _____

GUEST LIST _____   GUEST LIST _____

_____   _____

_____   _____

OCCASION _____   OCCASION _____
FOOD _____   FOOD _____
DRINK _____   DRINK _____

GUEST LIST _____   GUEST LIST _____

_____   _____

OCCASION _____   OCCASION _____
FOOD _____   FOOD _____
DRINK _____   DRINK _____

GUEST LIST _____   GUEST LIST _____

_____   _____

OCCASION _____   OCCASION _____
FOOD _____   FOOD _____
DRINK _____   DRINK _____

GUEST LIST _____   GUEST LIST _____

_____   _____

OCCASION _____   OCCASION _____
FOOD _____   FOOD _____
DRINK _____   DRINK _____

GUEST LIST _____   GUEST LIST _____

_____   _____

_____   _____

OCCASION _____   OCCASION _____

FOOD _____   FOOD _____

DRINK _____   DRINK _____

GUEST LIST _____

_____

_____

OCCASION _____

FOOD _____

DRINK _____

GUEST LIST _____   GUEST LIST _____

_____   _____

_____   _____

OCCASION _____   OCCASION _____

FOOD _____   FOOD _____

DRINK _____   DRINK _____

GUEST LIST _____   GUEST LIST _____

_____   _____

_____   _____

OCCASION _____   OCCASION _____

FOOD _____   FOOD _____

DRINK _____   DRINK _____

GUEST LIST _____   GUEST LIST _____

_____   _____

_____   _____

OCCASION _____   OCCASION _____

FOOD _____   FOOD _____

DRINK _____   DRINK _____

GUEST LIST _____   GUEST LIST _____

_____   _____

_____   _____

OCCASION _____   OCCASION _____

FOOD _____   FOOD _____

DRINK _____   DRINK _____

GUEST LIST _____   GUEST LIST _____

_____   _____

_____   _____

OCCASION _____   OCCASION _____

FOOD _____   FOOD _____

DRINK _____   DRINK _____

GUEST LIST _____   GUEST LIST _____

_____   _____

_____   _____

OCCASION _____   OCCASION _____

FOOD _____   FOOD _____

DRINK _____   DRINK _____

GUEST LIST _____   GUEST LIST _____
_____   _____
_____   _____

OCCASION _____   OCCASION _____
FOOD _____   FOOD _____
DRINK _____   DRINK _____

GUEST LIST _____   GUEST LIST _____
_____   _____
_____   _____

OCCASION _____   OCCASION _____
FOOD _____   FOOD _____
DRINK _____   DRINK _____

GUEST LIST _____   GUEST LIST _____
_____   _____
_____   _____

OCCASION _____   OCCASION _____
FOOD _____   FOOD _____
DRINK _____   DRINK _____

GUEST LIST _____   GUEST LIST _____
_____   _____
_____   _____

OCCASION _____   OCCASION _____
FOOD _____   FOOD _____
DRINK _____   DRINK _____

GUEST LIST _____   GUEST LIST _____

_____   _____

_____   _____

OCCASION _____   OCCASION _____

FOOD _____   FOOD _____

DRINK _____   DRINK _____

GUEST LIST _____   GUEST LIST _____

_____   _____

_____   _____

OCCASION _____   OCCASION _____

FOOD _____   FOOD _____

DRINK _____   DRINK _____

GUEST LIST _____   GUEST LIST _____

_____   _____

_____   _____

OCCASION _____   OCCASION _____

FOOD _____   FOOD _____

DRINK _____   DRINK _____

GUEST LIST _____   GUEST LIST _____

_____   _____

_____   _____

OCCASION _____   OCCASION _____

FOOD _____   FOOD _____

DRINK _____   DRINK _____

GUEST LIST _____

_____

_____

OCCASION _____

FOOD _____

DRINK _____

GUEST LIST _____

_____

_____

OCCASION _____

FOOD _____

DRINK _____

GUEST LIST _____

_____

_____

OCCASION _____

FOOD _____

DRINK _____

GUEST LIST _____

_____

_____

OCCASION _____

FOOD _____

DRINK _____

GUEST LIST _____

_____

_____

OCCASION _____

FOOD _____

DRINK _____

GUEST LIST _____

_____

_____

OCCASION _____

FOOD _____

DRINK _____

GUEST LIST _____

_____

_____

OCCASION _____

FOOD _____

DRINK _____

GUEST LIST _____

_____

_____

OCCASION _____

FOOD _____

DRINK _____

GUEST LIST _____

_____

_____

OCCASION _____
FOOD _____
DRINK _____

GUEST LIST _____

_____

_____

OCCASION _____
FOOD _____
DRINK _____

GUEST LIST _____

_____

_____

OCCASION _____
FOOD _____
DRINK _____

GUEST LIST _____

_____

_____

OCCASION _____
FOOD _____
DRINK _____

GUEST LIST _____

_____

_____

OCCASION _____
FOOD _____
DRINK _____

GUEST LIST _____

_____

_____

OCCASION _____
FOOD _____
DRINK _____

GUEST LIST _____

_____

_____

OCCASION _____
FOOD _____
DRINK _____

GUEST LIST _____

_____

_____

OCCASION _____
FOOD _____
DRINK _____

GAMES

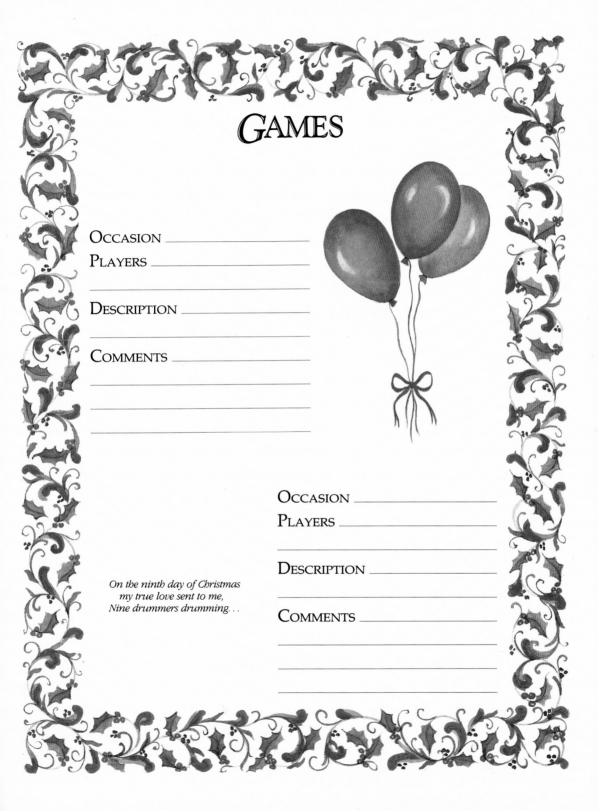

OCCASION _____

PLAYERS _____

_____

DESCRIPTION _____

COMMENTS _____

_____

_____

_____

On the ninth day of Christmas
my true love sent to me,
Nine drummers drumming. . .

OCCASION _____

PLAYERS _____

_____

DESCRIPTION _____

_____

COMMENTS _____

_____

_____

_____

OCCASION _____

PLAYERS _____

_____

DESCRIPTION _____

_____

COMMENTS _____

_____

_____

_____

_____

OCCASION _____

PLAYERS _____

_____

DESCRIPTION _____

_____

COMMENTS _____

_____

_____

_____

_____

OCCASION _____

PLAYERS _____

_____

DESCRIPTION _____

_____

COMMENTS _____

_____

_____

_____

_____

OCCASION _____

PLAYERS _____

_____

DESCRIPTION _____

_____

COMMENTS _____

_____

_____

_____

_____

OCCASION _____

PLAYERS _____

_____

DESCRIPTION _____

_____

COMMENTS _____

_____

_____

_____

_____

OCCASION _____

PLAYERS _____

_____

DESCRIPTION _____

_____

COMMENTS _____

_____

_____

_____

_____

OCCASION _____

PLAYERS _____
_____

DESCRIPTION _____

COMMENTS _____
_____
_____
_____

OCCASION _____

PLAYERS _____
_____

DESCRIPTION _____

COMMENTS _____
_____
_____
_____

OCCASION _____

PLAYERS _____
_____

DESCRIPTION _____

COMMENTS _____
_____
_____
_____

OCCASION _____

PLAYERS _____
_____

DESCRIPTION _____

COMMENTS _____
_____

OCCASION _____

PLAYERS _____
_____

DESCRIPTION _____

COMMENTS _____

OCCASION _____
PLAYERS _____
_____
DESCRIPTION _____
_____
COMMENTS _____
_____
_____
_____

OCCASION _____
PLAYERS _____
_____
DESCRIPTION _____
_____
COMMENTS _____
_____
_____
_____

OCCASION _____
PLAYERS _____
_____
DESCRIPTION _____
_____
COMMENTS _____
_____
_____
_____

OCCASION _____
PLAYERS _____
_____
DESCRIPTION _____
_____
COMMENTS _____
_____
_____
_____

OCCASION _____
PLAYERS _____
_____
DESCRIPTION _____
_____
COMMENTS _____
_____
_____
_____

OCCASION _____
PLAYERS _____
_____
DESCRIPTION _____
_____
COMMENTS _____
_____
_____
_____

OCCASION _____   OCCASION _____

PLAYERS _____   PLAYERS _____
_____   _____

DESCRIPTION _____   DESCRIPTION _____
_____   _____

COMMENTS _____   COMMENTS _____
_____   _____
_____   _____
_____   _____

OCCASION _____   OCCASION _____

PLAYERS _____   PLAYERS _____
_____   _____

DESCRIPTION _____   DESCRIPTION _____
_____   _____

COMMENTS _____   COMMENTS _____
_____   _____
_____   _____
_____   _____

OCCASION _____   OCCASION _____

PLAYERS _____   PLAYERS _____
_____   _____

DESCRIPTION _____   DESCRIPTION _____
_____   _____

COMMENTS _____   COMMENTS _____
_____   _____
_____   _____
_____   _____

OCCASION —————————
PLAYERS —————————
——————————————
DESCRIPTION —————————
——————————————
COMMENTS —————————
——————————————
——————————————
——————————————
——————————————

OCCASION —————————
PLAYERS —————————
——————————————
DESCRIPTION —————————
——————————————
COMMENTS —————————
——————————————
——————————————
——————————————
——————————————

OCCASION —————————
PLAYERS —————————
——————————————
DESCRIPTION —————————
——————————————
COMMENTS —————————
——————————————
——————————————
——————————————
——————————————

OCCASION —————————
PLAYERS —————————
——————————————
DESCRIPTION —————————
——————————————
COMMENTS —————————
——————————————
——————————————
——————————————
——————————————

OCCASION —————————
PLAYERS —————————
——————————————
DESCRIPTION —————————
——————————————
COMMENTS —————————
——————————————
——————————————
——————————————
——————————————

OCCASION _____   OCCASION _____
PLAYERS _____   PLAYERS _____
_____   _____
DESCRIPTION _____   DESCRIPTION _____
_____   _____
COMMENTS _____   COMMENTS _____
_____   _____
_____   _____
_____   _____

OCCASION _____   OCCASION _____
PLAYERS _____   PLAYERS _____
_____   _____
DESCRIPTION _____   DESCRIPTION _____
_____   _____
COMMENTS _____   COMMENTS _____
_____   _____
_____   _____
_____   _____

OCCASION _____   OCCASION _____
PLAYERS _____   PLAYERS _____
_____   _____
DESCRIPTION _____   DESCRIPTION _____
_____   _____
COMMENTS _____   COMMENTS _____
_____   _____
_____   _____
_____   _____

OCCASION _____
PLAYERS _____
_____
DESCRIPTION _____
_____
COMMENTS _____
_____
_____
_____
_____

OCCASION _____
PLAYERS _____
_____
DESCRIPTION _____
_____
COMMENTS _____
_____
_____
_____
_____

OCCASION _____
PLAYERS _____
_____
DESCRIPTION _____
_____
COMMENTS _____
_____
_____
_____
_____

OCCASION _____
PLAYERS _____
_____
DESCRIPTION _____
_____
COMMENTS _____
_____
_____
_____
_____

OCCASION _____
PLAYERS _____
_____
DESCRIPTION _____
_____
COMMENTS _____
_____
_____
_____
_____

OCCASION _____
PLAYERS _____
_____
DESCRIPTION _____
_____
COMMENTS _____
_____
_____
_____
_____

VISITS
AND EXCURSIONS

PLACE ——————————

OCCASION ——————————

FELLOW GUESTS ——————————

——————————

——————————

PLACE ——————————

OCCASION ——————————

FELLOW GUESTS ——————————

——————————

——————————

*On the tenth day of Christmas
my true love sent to me,
Ten pipers piping. . .*

PLACE ——————————

OCCASION ——————————

FELLOW GUESTS ——————————

——————————

——————————

PLACE _____

OCCASION _____

FELLOW GUESTS _____

_____

_____

PLACE _____

OCCASION _____

FELLOW GUESTS _____

_____

_____

PLACE _____

OCCASION _____

FELLOW GUESTS _____

_____

_____

PLACE _____

OCCASION _____

FELLOW GUESTS _____

_____

_____

PLACE _____

OCCASION _____

FELLOW GUESTS _____

_____

_____

PLACE _____

OCCASION _____

FELLOW GUESTS _____

_____

_____

PLACE _____

OCCASION _____

FELLOW GUESTS _____

_____

_____

PLACE _____

OCCASION _____

FELLOW GUESTS _____

_____

_____

PLACE _____

OCCASION _____

FELLOW GUESTS _____

_____

_____

PLACE _____

OCCASION _____

FELLOW GUESTS _____

_____

_____

PLACE _____

OCCASION _____

FELLOW GUESTS _____

_____

_____

PLACE _____

OCCASION _____

FELLOW GUESTS _____

_____

_____

PLACE _____

OCCASION _____

FELLOW GUESTS _____

_____

_____

PLACE _____

OCCASION _____

FELLOW GUESTS _____

_____

_____

PLACE _____

OCCASION _____

FELLOW GUESTS _____

_____

_____

PLACE _____

OCCASION _____

FELLOW GUESTS _____

_____

_____

PLACE _____

OCCASION _____

FELLOW GUESTS _____

_____

_____

PLACE _____

OCCASION _____

FELLOW GUESTS _____

_____

_____

PLACE _____

OCCASION _____

FELLOW GUESTS _____

_____

_____

PLACE _____

OCCASION _____

FELLOW GUESTS _____

_____

_____

PLACE _____

OCCASION _____

FELLOW GUESTS _____

_____

_____

PLACE _____

OCCASION _____

FELLOW GUESTS _____

_____

_____

PLACE _____

OCCASION _____

FELLOW GUESTS _____

_____

_____

PLACE _____

OCCASION _____

FELLOW GUESTS _____

_____

_____

PLACE _____

OCCASION _____

FELLOW GUESTS _____

_____

_____

PLACE _____

OCCASION _____

FELLOW GUESTS _____

_____

_____

PLACE _____   PLACE _____
OCCASION _____   OCCASION _____
FELLOW GUESTS _____   FELLOW GUESTS _____
_____   _____
_____   _____

PLACE _____   PLACE _____
OCCASION _____   OCCASION _____
FELLOW GUESTS _____   FELLOW GUESTS _____
_____   _____
_____   _____

PLACE _____   PLACE _____
OCCASION _____   OCCASION _____
FELLOW GUESTS _____   FELLOW GUESTS _____
_____   _____
_____   _____

PLACE _____   PLACE _____
OCCASION _____   OCCASION _____
FELLOW GUESTS _____   FELLOW GUESTS _____
_____   _____
_____   _____

PLACE _____   PLACE _____
OCCASION _____   OCCASION _____
FELLOW GUESTS _____   FELLOW GUESTS _____
_____   _____
_____   _____

PLACE _____

OCCASION _____

FELLOW GUESTS _____

_____

_____

PLACE _____

OCCASION _____

FELLOW GUESTS _____

_____

_____

PLACE _____

OCCASION _____

FELLOW GUESTS _____

_____

_____

PLACE _____

OCCASION _____

FELLOW GUESTS _____

_____

_____

PLACE _____

OCCASION _____

FELLOW GUESTS _____

_____

_____

PLACE _____

OCCASION _____

FELLOW GUESTS _____

_____

_____

PLACE _____

OCCASION _____

FELLOW GUESTS _____

_____

_____

PLACE _____

OCCASION _____

FELLOW GUESTS _____

_____

_____

PLACE _____

OCCASION _____

FELLOW GUESTS _____

_____

_____

PLACE _____

OCCASION _____

FELLOW GUESTS _____

_____

_____

PLACE _____

OCCASION _____

FELLOW GUESTS _____

_____

_____

PLACE _____

OCCASION _____

FELLOW GUESTS _____

_____

_____

PLACE _____

OCCASION _____

FELLOW GUESTS _____

_____

_____

PLACE _____

OCCASION _____

FELLOW GUESTS _____

_____

_____

PLACE _____

OCCASION _____

FELLOW GUESTS _____

_____

_____

PLACE _____

OCCASION _____

FELLOW GUESTS _____

_____

_____

PLACE _____

OCCASION _____

FELLOW GUESTS _____

_____

_____

PLACE _____

OCCASION _____

FELLOW GUESTS _____

_____

_____

PLACE _____
OCCASION _____
FELLOW GUESTS _____
_____
_____

PLACE _____
OCCASION _____
FELLOW GUESTS _____
_____
_____

PLACE _____
OCCASION _____
FELLOW GUESTS _____
_____
_____

PLACE _____
OCCASION _____
FELLOW GUESTS _____
_____
_____

PLACE _____
OCCASION _____
FELLOW GUESTS _____
_____
_____

PLACE _____
OCCASION _____
FELLOW GUESTS _____
_____
_____

PLACE _____
OCCASION _____
FELLOW GUESTS _____
_____
_____

PLACE _____
OCCASION _____
FELLOW GUESTS _____
_____
_____

PLACE _____
OCCASION _____
FELLOW GUESTS _____
_____
_____

PLACE _____
OCCASION _____
FELLOW GUESTS _____
_____
_____

PLACE _____   PLACE _____
OCCASION _____   OCCASION _____
FELLOW GUESTS _____ FELLOW GUESTS _____
_____   _____
_____   _____

PLACE _____   PLACE _____
OCCASION _____   OCCASION _____
FELLOW GUESTS _____ FELLOW GUESTS _____
_____   _____
_____   _____

PLACE _____   PLACE _____
OCCASION _____   OCCASION _____
FELLOW GUESTS _____ FELLOW GUESTS _____
_____   _____
_____   _____

PLACE _____   PLACE _____
OCCASION _____   OCCASION _____
FELLOW GUESTS _____ FELLOW GUESTS _____
_____   _____
_____   _____

PLACE _____   PLACE _____
OCCASION _____   OCCASION _____
FELLOW GUESTS _____ FELLOW GUESTS _____
_____   _____
_____   _____

PLACE _____

OCCASION _____

FELLOW GUESTS _____

_____

_____

PLACE _____

OCCASION _____

FELLOW GUESTS _____

_____

_____

PLACE _____

OCCASION _____

FELLOW GUESTS _____

_____

_____

PLACE _____

OCCASION _____

FELLOW GUESTS _____

_____

_____

PLACE _____

OCCASION _____

FELLOW GUESTS _____

_____

_____

PLACE _____

OCCASION _____

FELLOW GUESTS _____

_____

_____

PLACE _____

OCCASION _____

FELLOW GUESTS _____

_____

_____

PLACE _____

OCCASION _____

FELLOW GUESTS _____

_____

_____

PLACE _____

OCCASION _____

FELLOW GUESTS _____

_____

_____

PLACE _____

OCCASION _____

FELLOW GUESTS _____

_____

_____

PLACE _____

OCCASION _____

FELLOW GUESTS _____

_____

_____

PLACE _____

OCCASION _____

FELLOW GUESTS _____

_____

_____

PLACE _____

OCCASION _____

FELLOW GUESTS _____

_____

_____

PLACE _____

OCCASION _____

FELLOW GUESTS _____

_____

_____

PLACE _____

OCCASION _____

FELLOW GUESTS _____

_____

_____

PLACE _____

OCCASION _____

FELLOW GUESTS _____

_____

_____

PLACE _____

OCCASION _____

FELLOW GUESTS _____

_____

_____

PLACE _____

OCCASION _____

FELLOW GUESTS _____

_____

_____

PLACE _____

OCCASION _____

FELLOW GUESTS _____

_____

_____

PLACE _____

OCCASION _____

FELLOW GUESTS _____

_____

_____

PLACE _____

OCCASION _____

FELLOW GUESTS _____

_____

_____

PLACE _____

OCCASION _____

FELLOW GUESTS _____

_____

_____

PLACE _____

OCCASION _____

FELLOW GUESTS _____

_____

_____

PLACE _____

OCCASION _____

FELLOW GUESTS _____

_____

_____

PLACE _____

OCCASION _____

FELLOW GUESTS _____

_____

_____

PLACE _____

OCCASION _____

FELLOW GUESTS _____

_____

_____

PLACE _____

OCCASION _____

FELLOW GUESTS _____

_____

_____

PLACE _____

OCCASION _____

FELLOW GUESTS _____

_____

_____

WEATHER

DATE _____

COMMENTS _____

_____

_____

_____

DATE _____

COMMENTS _____

_____

_____

_____

On the eleventh day of Christmas
my true love sent to me,
Eleven ladies dancing. . .

DATE _____

COMMENTS _____

_____

_____

_____

DATE _____   DATE _____
COMMENTS _____   COMMENTS _____
_____   _____
_____   _____
_____   _____

DATE _____   DATE _____
COMMENTS _____   COMMENTS _____
_____   _____
_____   _____
_____   _____

DATE _____   DATE _____
COMMENTS _____   COMMENTS _____
_____   _____
_____   _____
_____   _____

DATE _____   DATE _____
COMMENTS _____   COMMENTS _____
_____   _____
_____   _____
_____   _____

DATE _____   DATE _____
COMMENTS _____   COMMENTS _____
_____   _____
_____   _____
_____   _____

THANK-YOU LETTERS

NAME ——————————————

PRESENT ——————————————

LETTER SENT ——————————————

LETTER RECEIVED ——————————————

NAME ——————————————

PRESENT ——————————————

LETTER SENT ——————————————

LETTER RECEIVED ——————————————

*On the twelfth day of Christmas
my true love sent to me,
Twelve lords a-leaping. . .*

NAME ——————————————

PRESENT ——————————————

LETTER SENT ——————————————

LETTER RECEIVED ——————————————

NAME ——————————————

PRESENT ——————————————

LETTER SENT ——————————————

LETTER RECEIVED ——————————————

NAME _____	NAME _____
PRESENT _____	PRESENT _____
LETTER SENT _____	LETTER SENT _____
LETTER RECEIVED _____	LETTER RECEIVED _____
NAME _____	NAME _____
PRESENT _____	PRESENT _____
LETTER SENT _____	LETTER SENT _____
LETTER RECEIVED _____	LETTER RECEIVED _____
NAME _____	NAME _____
PRESENT _____	PRESENT _____
LETTER SENT _____	LETTER SENT _____
LETTER RECEIVED _____	LETTER RECEIVED _____
NAME _____	NAME _____
PRESENT _____	PRESENT _____
LETTER SENT _____	LETTER SENT _____
LETTER RECEIVED _____	LETTER RECEIVED _____
NAME _____	NAME _____
PRESENT _____	PRESENT _____
LETTER SENT _____	LETTER SENT _____
LETTER RECEIVED _____	LETTER RECEIVED _____
NAME _____	NAME _____
PRESENT _____	PRESENT _____
LETTER SENT _____	LETTER SENT _____
LETTER RECEIVED _____	LETTER RECEIVED _____

Name	Name
Present	Present
Letter Sent	Letter Sent
Letter Received	Letter Received

Name	Name
Present	Present
Letter Sent	Letter Sent
Letter Received	Letter Received

Name	Name
Present	Present
Letter Sent	Letter Sent
Letter Received	Letter Received

Name	Name
Present	Present
Letter Sent	Letter Sent
Letter Received	Letter Received

Name	Name
Present	Present
Letter Sent	Letter Sent
Letter Received	Letter Received

Name	Name
Present	Present
Letter Sent	Letter Sent
Letter Received	Letter Received

NAME _____
PRESENT _____
LETTER SENT _____
LETTER RECEIVED _____

NAME _____
PRESENT _____
LETTER SENT _____
LETTER RECEIVED _____

NAME _____
PRESENT _____
LETTER SENT _____
LETTER RECEIVED _____

NAME _____
PRESENT _____
LETTER SENT _____
LETTER RECEIVED _____

NAME _____
PRESENT _____
LETTER SENT _____
LETTER RECEIVED _____

NAME _____
PRESENT _____
LETTER SENT _____
LETTER RECEIVED _____

NAME _____
PRESENT _____
LETTER SENT _____
LETTER RECEIVED _____

NAME _____
PRESENT _____
LETTER SENT _____
LETTER RECEIVED _____

NAME _____
PRESENT _____
LETTER SENT _____
LETTER RECEIVED _____

NAME _____
PRESENT _____
LETTER SENT _____
LETTER RECEIVED _____

NAME _____
PRESENT _____
LETTER SENT _____
LETTER RECEIVED _____

NAME _____
PRESENT _____
LETTER SENT _____
LETTER RECEIVED _____

NAME _____   NAME _____

PRESENT _____   PRESENT _____

LETTER SENT _____   LETTER SENT _____

LETTER RECEIVED _____   LETTER RECEIVED _____

NAME _____   NAME _____

PRESENT _____   PRESENT _____

LETTER SENT _____   LETTER SENT _____

LETTER RECEIVED _____   LETTER RECEIVED _____

NAME _____   NAME _____

PRESENT _____   PRESENT _____

LETTER SENT _____   LETTER SENT _____

LETTER RECEIVED _____   LETTER RECEIVED _____

NAME _____

PRESENT _____

LETTER SENT _____

LETTER RECEIVED _____

NAME _____

PRESENT _____

LETTER SENT _____

LETTER RECEIVED _____

NAME _____

PRESENT _____

LETTER SENT _____

LETTER RECEIVED _____

NAME _____	NAME _____
PRESENT _____	PRESENT _____
LETTER SENT _____	LETTER SENT _____
LETTER RECEIVED _____	LETTER RECEIVED _____

NAME _____	NAME _____
PRESENT _____	PRESENT _____
LETTER SENT _____	LETTER SENT _____
LETTER RECEIVED _____	LETTER RECEIVED _____

NAME _____	NAME _____
PRESENT _____	PRESENT _____
LETTER SENT _____	LETTER SENT _____
LETTER RECEIVED _____	LETTER RECEIVED _____

NAME _____	NAME _____
PRESENT _____	PRESENT _____
LETTER SENT _____	LETTER SENT _____
LETTER RECEIVED _____	LETTER RECEIVED _____

NAME _____	NAME _____
PRESENT _____	PRESENT _____
LETTER SENT _____	LETTER SENT _____
LETTER RECEIVED _____	LETTER RECEIVED _____

NAME _____	NAME _____
PRESENT _____	PRESENT _____
LETTER SENT _____	LETTER SENT _____
LETTER RECEIVED _____	LETTER RECEIVED _____

NAME _____
PRESENT _____
LETTER SENT _____
LETTER RECEIVED _____

NAME _____
PRESENT _____
LETTER SENT _____
LETTER RECEIVED _____

NAME _____
PRESENT _____
LETTER SENT _____
LETTER RECEIVED _____

NAME _____
PRESENT _____
LETTER SENT _____
LETTER RECEIVED _____

NAME _____
PRESENT _____
LETTER SENT _____
LETTER RECEIVED _____

NAME _____
PRESENT _____
LETTER SENT _____
LETTER RECEIVED _____

NAME _____
PRESENT _____
LETTER SENT _____
LETTER RECEIVED _____

NAME _____
PRESENT _____
LETTER SENT _____
LETTER RECEIVED _____

NAME _____
PRESENT _____
LETTER SENT _____
LETTER RECEIVED _____

NAME _____
PRESENT _____
LETTER SENT _____
LETTER RECEIVED _____

NAME _____
PRESENT _____
LETTER SENT _____
LETTER RECEIVED _____

NAME _____
PRESENT _____
LETTER SENT _____
LETTER RECEIVED _____

NAME _____
PRESENT _____
LETTER SENT _____
LETTER RECEIVED _____

NAME _____
PRESENT _____
LETTER SENT _____
LETTER RECEIVED _____

NAME _____
PRESENT _____
LETTER SENT _____
LETTER RECEIVED _____

NAME _____
PRESENT _____
LETTER SENT _____
LETTER RECEIVED _____

NAME _____
PRESENT _____
LETTER SENT _____
LETTER RECEIVED _____

NAME _____
PRESENT _____
LETTER SENT _____
LETTER RECEIVED _____

NAME _____
PRESENT _____
LETTER SENT _____
LETTER RECEIVED _____

NAME _____
PRESENT _____
LETTER SENT _____
LETTER RECEIVED _____

NAME _____
PRESENT _____
LETTER SENT _____
LETTER RECEIVED _____

NAME _____
PRESENT _____
LETTER SENT _____
LETTER RECEIVED _____

NAME _____
PRESENT _____
LETTER SENT _____
LETTER RECEIVED _____

NAME _____
PRESENT _____
LETTER SENT _____
LETTER RECEIVED _____

NAME _____   NAME _____

PRESENT _____   PRESENT _____

LETTER SENT _____   LETTER SENT _____

LETTER RECEIVED _____   LETTER RECEIVED _____

NAME _____   NAME _____

PRESENT _____   PRESENT _____

LETTER SENT _____   LETTER SENT _____

LETTER RECEIVED _____   LETTER RECEIVED _____

NAME _____   NAME _____

PRESENT _____   PRESENT _____

LETTER SENT _____   LETTER SENT _____

LETTER RECEIVED _____   LETTER RECEIVED _____

NAME _____

PRESENT _____

LETTER SENT _____

LETTER RECEIVED _____

NAME _____

PRESENT _____

LETTER SENT _____

LETTER RECEIVED _____

NAME _____

PRESENT _____

LETTER SENT _____

LETTER RECEIVED _____

NAME _____	NAME _____
PRESENT _____	PRESENT _____
LETTER SENT _____	LETTER SENT _____
LETTER RECEIVED _____	LETTER RECEIVED _____

NAME _____	NAME _____
PRESENT _____	PRESENT _____
LETTER SENT _____	LETTER SENT _____
LETTER RECEIVED _____	LETTER RECEIVED _____

NAME _____	NAME _____
PRESENT _____	PRESENT _____
LETTER SENT _____	LETTER SENT _____
LETTER RECEIVED _____	LETTER RECEIVED _____

NAME _____	NAME _____
PRESENT _____	PRESENT _____
LETTER SENT _____	LETTER SENT _____
LETTER RECEIVED _____	LETTER RECEIVED _____

NAME _____	NAME _____
PRESENT _____	PRESENT _____
LETTER SENT _____	LETTER SENT _____
LETTER RECEIVED _____	LETTER RECEIVED _____

NAME _____	NAME _____
PRESENT _____	PRESENT _____
LETTER SENT _____	LETTER SENT _____
LETTER RECEIVED _____	LETTER RECEIVED _____

NAME ——————————

PRESENT ——————————

LETTER SENT ——————————

LETTER RECEIVED ——————————

NAME ——————————

PRESENT ——————————

LETTER SENT ——————————

LETTER RECEIVED ——————————

NAME ——————————

PRESENT ——————————

LETTER SENT ——————————

LETTER RECEIVED ——————————

NAME ——————————

PRESENT ——————————

LETTER SENT ——————————

LETTER RECEIVED ——————————

NAME ——————————

PRESENT ——————————

LETTER SENT ——————————

LETTER RECEIVED ——————————

NAME ——————————

PRESENT ——————————

LETTER SENT ——————————

LETTER RECEIVED ——————————

NAME ——————————

PRESENT ——————————

LETTER SENT ——————————

LETTER RECEIVED ——————————

NAME ——————————

PRESENT ——————————

LETTER SENT ——————————

LETTER RECEIVED ——————————

NAME ——————————

PRESENT ——————————

LETTER SENT ——————————

LETTER RECEIVED ——————————

NAME ——————————

PRESENT ——————————

LETTER SENT ——————————

LETTER RECEIVED ——————————

NAME ——————————

PRESENT ——————————

LETTER SENT ——————————

LETTER RECEIVED ——————————

NAME ——————————

PRESENT ——————————

LETTER SENT ——————————

LETTER RECEIVED ——————————

NAME _____   NAME _____
PRESENT _____   PRESENT _____
LETTER SENT _____   LETTER SENT _____
LETTER RECEIVED _____   LETTER RECEIVED _____

NAME _____   NAME _____
PRESENT _____   PRESENT _____
LETTER SENT _____   LETTER SENT _____
LETTER RECEIVED _____   LETTER RECEIVED _____

NAME _____   NAME _____
PRESENT _____   PRESENT _____
LETTER SENT _____   LETTER SENT _____
LETTER RECEIVED _____   LETTER RECEIVED _____

NAME _____   NAME _____
PRESENT _____   PRESENT _____
LETTER SENT _____   LETTER SENT _____
LETTER RECEIVED _____   LETTER RECEIVED _____

NAME _____   NAME _____
PRESENT _____   PRESENT _____
LETTER SENT _____   LETTER SENT _____
LETTER RECEIVED _____   LETTER RECEIVED _____

NAME _____   NAME _____
PRESENT _____   PRESENT _____
LETTER SENT _____   LETTER SENT _____
LETTER RECEIVED _____   LETTER RECEIVED _____

NAME _____ NAME _____

PRESENT _____ PRESENT _____

LETTER SENT _____ LETTER SENT _____

LETTER RECEIVED _____ LETTER RECEIVED _____

NAME _____ NAME _____

PRESENT _____ PRESENT _____

LETTER SENT _____ LETTER SENT _____

LETTER RECEIVED _____ LETTER RECEIVED _____

NAME _____ NAME _____

PRESENT _____ PRESENT _____

LETTER SENT _____ LETTER SENT _____

LETTER RECEIVED _____ LETTER RECEIVED _____

NAME _____

PRESENT _____

LETTER SENT _____

LETTER RECEIVED _____

NAME _____

PRESENT _____

LETTER SENT _____

LETTER RECEIVED _____

NAME _____

PRESENT _____

LETTER SENT _____

LETTER RECEIVED _____

NAME _____	NAME _____
PRESENT _____	PRESENT _____
LETTER SENT _____	LETTER SENT _____
LETTER RECEIVED _____	LETTER RECEIVED _____
NAME _____	NAME _____
PRESENT _____	PRESENT _____
LETTER SENT _____	LETTER SENT _____
LETTER RECEIVED _____	LETTER RECEIVED _____
NAME _____	NAME _____
PRESENT _____	PRESENT _____
LETTER SENT _____	LETTER SENT _____
LETTER RECEIVED _____	LETTER RECEIVED _____
NAME _____	NAME _____
PRESENT _____	PRESENT _____
LETTER SENT _____	LETTER SENT _____
LETTER RECEIVED _____	LETTER RECEIVED _____
NAME _____	NAME _____
PRESENT _____	PRESENT _____
LETTER SENT _____	LETTER SENT _____
LETTER RECEIVED _____	LETTER RECEIVED _____
NAME _____	NAME _____
PRESENT _____	PRESENT _____
LETTER SENT _____	LETTER SENT _____
LETTER RECEIVED _____	LETTER RECEIVED _____

NAME _____   NAME _____

PRESENT _____   PRESENT _____

LETTER SENT _____   LETTER SENT _____

LETTER RECEIVED _____   LETTER RECEIVED _____

NAME _____   NAME _____

PRESENT _____   PRESENT _____

LETTER SENT _____   LETTER SENT _____

LETTER RECEIVED _____   LETTER RECEIVED _____

NAME _____   NAME _____

PRESENT _____   PRESENT _____

LETTER SENT _____   LETTER SENT _____

LETTER RECEIVED _____   LETTER RECEIVED _____

NAME _____   NAME _____

PRESENT _____   PRESENT _____

LETTER SENT _____   LETTER SENT _____

LETTER RECEIVED _____   LETTER RECEIVED _____

NAME _____   NAME _____

PRESENT _____   PRESENT _____

LETTER SENT _____   LETTER SENT _____

LETTER RECEIVED _____   LETTER RECEIVED _____

NAME _____   NAME _____

PRESENT _____   PRESENT _____

LETTER SENT _____   LETTER SENT _____

LETTER RECEIVED _____   LETTER RECEIVED _____